재밌는 이야기로 풀어낸

우리 역사이야기

- 순조 · 현종 · 철종 -

조선 왕조 500년 왕들의 이야기

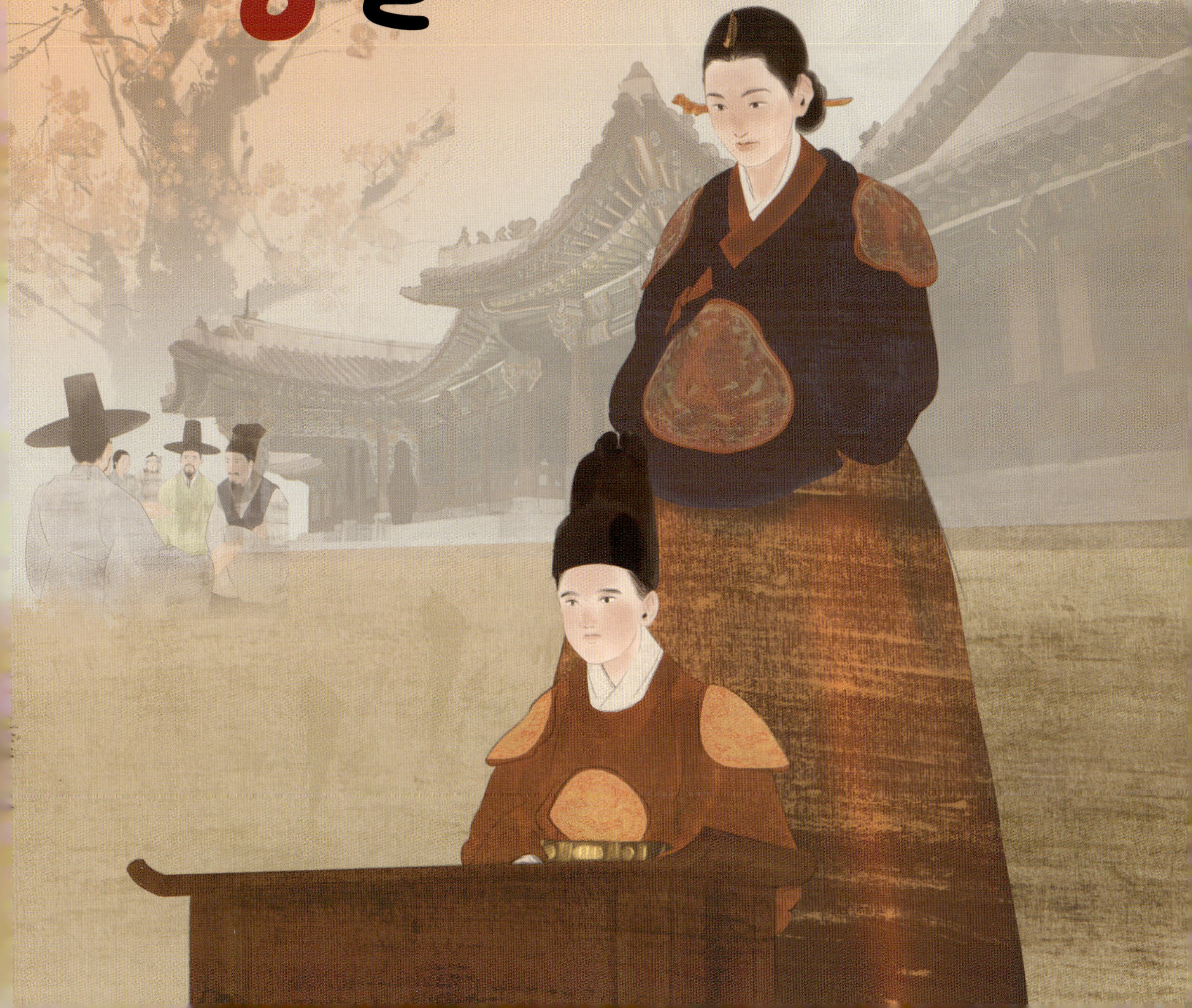

세도정치와 홍경래의 난

정조 임금은 건강이 나빠지자 어린 아들 순조를 김조순에게 부탁하고
세상을 떠났어요. 그런데 김조순은 자기 집안인 안동 김씨 사람들에게
관직을 주었고, 나라는 김조순과 안동 김씨들의 뜻대로 굴러갔어요.
어린 왕 순조는 점점 더 허수아비 왕이 되어갔답니다.

안동 김씨 집안이 막강한 힘을 가지고 나라를 움직이는 세도정치가 시작되었어요. 안동 김씨들은 이제 무서울 게 없었어요. 저희들 마음대로 관리를 뽑거나 내쫓았고, 돈을 받고 관직을 팔기도 했어요. 돈으로 관직을 산 사람들은 다시 재물을 모으기 위해 온갖 구실로 백성의 재산을 빼앗았어요.

열심히 과거 공부를 하던 유생과 관리에게
괴롭힘을 당하는 백성들의 불만이 터져 나왔어요.
하지만 순조는 아무런 힘도 쓸 수가 없었어요.

'안동김씨의 세도를 막아야 하는데 이 일을 어찌할꼬?'
고민하던 순조는 풍양 조씨 조만영의 딸을 세자빈으로 맞아들였어요.
풍양 조씨 집안으로 하여금 안동 김씨 집안을 막으려는 생각이었어요.

이 무렵, 평안도에 홍경래라는 사람이 살았어요.
홍경래는 열심히 공부했지만,
번번이 과거에서 떨어졌어요.

나중에 알고 보니 평안도와 함경도 출신의 사람을 차별해 관리로
뽑지 않았던 것이었어요.
"평안도에 살든, 경상도에 살든 다 같은 조선 백성이다!"
분개한 홍경래는 **봉기군**을 모았어요.

* 봉기 : 백성이 벌 떼처럼 떼 지어 세차게 일어남
* 봉기군 : 봉기한 백성들이 만든 군대

홍경례와 봉기군은 가산, 정주 등 평안도의 여러 관아를 습격했어요.
'차별 대우 없는 세상을 만들자!' '안동 김씨의 세도정치를 몰아내자!'
새 세상을 만들겠다는 봉기군의 함성이 평안도 일대를 뒤덮었어요.
조정에서는 급히 관군을 내려 보냈어요. 칼과 창으로 무장한 관군의
공격에 홍경래의 봉기군은 밀리기 시작했어요.

너희는 이제
독 안에 든
쥐다!

결국 정주성에서 마지막 싸움을 벌이게 되었어요.
관군은 성안으로 식량이 들어가지 못하도록 했어요.
홍경래와 봉기군은 추위와 배고픔을 견디며 3개월 넘게 끈질기게 버텼어요.
하지만 관군이 땅굴을 파고 들어가 화약을 폭발시켜
성을 무너뜨리자 홍경래와 봉기군은 모두 목숨을 잃었어요.

왕이 된 강화도령

나약했던 임금 순조가 죽자 손자인 헌종이 왕이 되었어요.

이때 헌종의 나이 여덟 살, 어머니 순원 왕후가 나랏일을 돌보았어요.

순조가 안동 김씨의 힘 막겠다며 세자빈으로 들였던

풍양 조씨 조만영의 딸이 바로 순원 왕후였어요.

순원 왕후는 풍양 조씨 집안의 힘을 키워 나라를 다스렸어요.

그러다 헌종이 뒤를 이을 왕자 없이 죽자,

안동김씨 집안이 세도를 되찾을 기회가 왔어요.

할머니 신원 왕후는 자신의 말을 잘 따라줄 왕족이 누가 있을까 생각했어요. '왕위에 앉힐 마땅한 사람이 누가 있을꼬' 그때 떠오른 사람이 정조의 동생인 은언군의 손자인 강화도령 원범이었어요. 사도 세자를 죽이는 데 앞장 선 신하들이 은언군을 임금으로 만들려했던 사건으로 은언군과 가족들은 제주도로 쫓겨났어요. 그러다 강화도로 옮겨오게 되었고, 원범은도 강화도에서 태어나 살게 된 것이에요.

원범은 왕족이지만
임금이 될 수 없는 죄인의 아들이었어요.
부모님은 원범이 똑똑하면 목숨이 위험할지
모른다고 생각해 글을 가르치지 않고 평범한 농사꾼으로 살도록 했어요.
가난하게 농사만 짓고 살고 있었는데 어느 날,
궁궐에서 대신들이 찾아 온 것이에요.
"날 죽이려 왔어!" 원범은 산속으로 몸을 숨겼어요.
"임금으로 뫼시러 왔답니다."
사람들의 설득으로 내려온 원범이 한양으로 올라가 왕위에 오르니,
그가 바로 철종이에요.

가난한 농사꾼으로 살았던 철종은
백성의 어려움을 살피고자 애썼어요.
하지만 신하들은 글도 모르는 철종을 무시하였어요.

철종은 아무리 노력해도 안동 김씨 집안을 이길 수 없다는 것을 깨닫고,
나랏일에 관심을 끄고 술에 빠져 살다 33세의 나이로 세상을 떠났어요.

철종 때 크게 활약했던 사람이 바로 추사 김정희예요. 효명세자의 스승이
던 김정희는 세도정치로 기울어 가는 나라를 바로잡고자 노력했어요.
그러다 귀양살이를 가게 되었고, 귀양지에서 수많은 '세한도' 같은 뛰어난
작품을 남겼어요. 특히 독특하면서도 개성이 강한 그의 글씨를 가리켜
'추사체'라고 불러요.

歲寒圖
藕船是賞
阮堂

죽은 사람도 세금을 내라

왕은 백성들이 낸 세금으로 나라를 다스렸어요. 백성들은 자신의 땅 크기에 따라 일정한 세금을 내었어요. 또, 평소에는 농사를 짓다 나라에서 부르면 군사 훈련을 받았어요. 군대에 가지 않는 사람은 대신 '포'라고 불리는 옷감을 나라에 바쳤어요.

안동 김씨, 풍양 조씨 같은 힘 있는 가문이 나라를 마음대로 다스리니
백성을 보살펴야 하는 관리들도 자기 욕심을 채우기 바빴어요.
지방 관리는 백성에게 세금을 거두어 나라에 바치는 일을 했어요.
그들은 정해진 것보다 더 많은 세금을 걷어 나머지를 가로채곤 했어요.

관리들은 주인 없는 땅의 세금도 강제로 백성들에게 내도록 했어요.
백성들을 가장 두려워했던 일은 옷감을 바치는 일이었어요.
옷감을 내지 못해 도망을 가면 이웃이나 친척이 대신 내도록했고,
옷감을 낼 필요 없는 노인과 아이, 심지어 죽은 사람에게까지
옷감을 거두었어요.

세금 말고도 백성을 힘들게 하는 일이 있었어요.

나라에서는 봄에 굶주리는 백성에게 곡식을 빌려주고

가을에 곡식과 이자를 갚도록 하는 좋은 제도가 있었어요.

욕심 많은 관리들은 강제로 곡식을 빌려 주고, 더 많은 이자를 받았어요.

심지어 모래가 더 많이 섞인 곡식을 빌려 주었지요.

백성의 생활은 나날이 어려워졌고, 민란으로 이어지기 시작했어요.

* 이자 : 남에게 돈을 빌려 쓴 대가로 치르는 일정한 비율의 돈
* 민란 : 포악한 정치 따위에 반대하여 백성들이 일으킨 폭동이나 소요

척척박사 우리 엄마, 재미있는 역사 이야기를 읽고 아이에게 설명해주세요.
부모님용 가이드북 입니다.

★ 안동 김씨는 어떻게 해서 왕보다 큰 힘을 얻게 됐나요?

순조는 건강이 좋지 않아, 신하들이 대신 나랏일을 보는 경우가 많았어요. 순조는 아내인 순원왕후의 아버지인 김조순에게 많이 의지했어요. 김조순은 나랏일을 맡지 않고 전면에 나서지 않았어요. 하지만 그의 자식들은 김조순의 아들이라는 이유로 큰 힘을 갖기 시작했어요. 순조가 죽자 헌종이 8살의 나이에 왕이 됐어요. 순원왕후는 어린 헌종 대신 나랏일을 보면서 오빠나 남동생과 상의했어요. 이로써 안동 김씨들은 더 큰 힘을 가지고 조선을 좌지우지했어요.

▲김조순(1765~1832)의 초상화

★ 왕은 안동김씨에게 휘둘리기만 했었나요?

그렇지 않았어요. 헌종은 나이가 들어 안동 김씨와 맞섰어요. 나랏일을 함께 할 신하 가운데 안동 김씨가 아닌 사람들을 많이 뽑았어요. 또한, 안동 김씨에게 쫓겨난 신하들이 다시 서울로 돌아올 수 있도록 했어요. 하지만 헌종은 23살의 젊은 나이에 제 뜻을 펴보지도 못하고 세상을 떠났어요. 헌종의 먼 친척으로 농사꾼이었던 철종이 왕이 되면서, 다시 순원왕후가 나랏일을 맡았어요. 이로써 안동 김씨는 더욱 큰 힘을 갖게 됐어요.

▲헌종(1834~1849)의 초상화

* **백성**의 삶이 어려워 **민란**이 일어났을 때, **철종**은 어떻게 했나요?

▲ 철종(1849~1863)의 초상화

백성들은 나라에서 곡식을 빌려주는 제도인 '**환곡**' 때문에 힘들어했어요. 각 고을을 다스리는 사람들은 백성들에게 강제로 질 나쁜 곡식을 빌려주고 부당하게 비싼 이자를 뜯어갔어요.

이 때문에 민란이 크게 일어나자, 철종도 이 환곡을 없애려고 했어요. 하지만 철종보다 더 큰 힘을 가진 안동 김씨를 비롯한 신하들은 여기에 반대했어요.

또한, 나라에서 민란을 억눌러서 백성들이 제 목소리를 내지 못하게 했어요. 결국, **환곡 제도**는 없어지지 않았고, 백성들을 가난과 죽음으로 내몰았어요.

* **홍경래**의 죽음은 헛된 것이었나요?

홍경래가 죽은 뒤에도, 백성들 사이에서 홍경래는 죽지 않았고 다시 들고 일어설 것이라는 소문이 떠돌았어요. 그만큼 백성들은 홍경래를 마음 깊이 새겼어요. **홍경래의 난** 전에는 아무리 살기가 어려워도 백성들은 왕과 양반 사대부의 말에 따라야만 한다고 생각했어요. 하지만 홍경래의 난으로, 백성들은 왕과 양반 사대부가 나랏일을 제대로 하지 못하면 저항해야 한다고 생각을 하게 됐어요. 이후 백성들도 더 나은 삶을 위해 싸우기 시작하면서 민란이 일어나기 시작했어요.

역사 돋보기 ②

이야기 속에 등장하는 각 유물과 유적, 인물을 아이와 함께 하나하나 짚어 가며 이름을 말해 주고 각 특징에 대해 이야기를 나누어 보세요.
부모님용 가이드북 입니다.

* 순원왕후

순원왕후는 순조의 왕비로 **효명세자**를 낳았어요. 순원왕후는 조선 왕조에서 유일하게 2번의 수렴청정을 했어요. 수렴청정은 왕이 어리거나 나랏일을 돌보기 힘들 때 왕비 등이 대신 나랏일을 맡는 거였어요. 손자인 헌종이 어린 나이 왕이 됐을 때와 농사꾼 철종이 왕이 됐을 때 2번 수렴청정을 했어요. 순원왕후는 김조순의 딸이었기 때문에, 안동 김씨의 세도 정치가 오랫동안 계속된 데에는 순원왕후의 잘못도 있어요. 그렇지만 순원왕후는 왕의 힘이 커지는 데 노력했고, 반대로 안동 김씨의 힘이 너무 세지는 걸 막기도 했어요. **순원왕후는 한글 편지를 많이 남겼는데, 귀중한 자료로 평가돼요.**

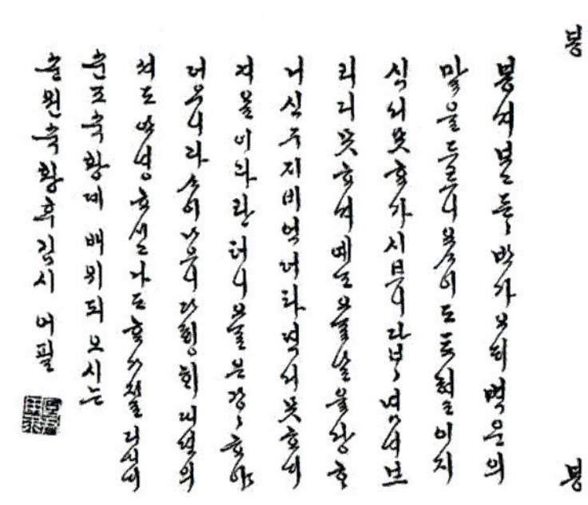

▲순원왕후의 한글편지

▲복원된 문조(효명세자)의 어진

* 효명세자

순조가 죽자 손자인 헌종이 왕의 자리를 이은 것은 아들인 효명세자가 일찍 세상을 떠났기 때문이에요. 순조는 효명세자가 머리가 똑똑해 조선을 잘 이끌어나갈 것이라고 생각했어요. 실제로 순조가 몸이 좋지 않자 효명세자가 대신 나랏일을 봤는데, 나라를 잘 돌보았어요. 특히 안동 김씨를 비롯해 신하들의 힘이 커지는 것을 막기 위해 노력했고, 궁궐에 사용되는 음악의 발전에도 큰 관심을 보였어요. 하지만 효명세자는 순조를 대신해 나랏일을 한 지 3년만인 22살의 젊은 나이에 짧은 생을 마감하고 말았어

‘모양이 다른 배’라는 뜻으로, 서양의 배를 뜻해요. 순조 임금 시기부터 이양선이 조선 바다에 많이 나타났어요. 이양선을 타고 온 서양 사람들은 물건을 사고팔고 잘 지내자고 했어요. 중국이 서양 나라들과의 전쟁에서 크게 졌다는 소식도 전해져왔어요. 하지만 조선은 중국 눈치만 보고 서양 나라들과 잘 지낼 생각을 하지 못했어요.서양의 문물을 받아 들여 힘을 키울 생각을 하지 못한 거였어요.그 무렵 일본은 미국을 비롯한 서양 나라들과 잘 지내면서 새로운 문물을 받아들여 힘을 키웠어요.

많은 백성들은 신분차별과 어려운 삶에 지쳤어요. 그래서 인간은 평등하다는 서학을 믿는 사람들이 늘기 시작했어요. 서학은 천주교를 뜻해요. 헌종 임금 때 서양인 신부가 처음으로 한국 땅을 밟았고, **김대건은 우리나라 최초의 천주교 신부가 됐어요**. 하지만 나라를 다스리는 사람들은 임금이나 양반 사대부를 따르지 않고 하나님을 믿는 천주교가 나쁘다고 생각했어요. 그래서 서양인 신부와 김대건 신부를 모두 죽였어요. 그런데도 **천주교**를 믿는 사람들은 늘어만 갔어요.

조선 시대

1800년
정조 사망, 순조 즉위

1819년
효명세자와

1811년
홍경래의 난